LOUIS MARSOLLEAU

LE BANDEAU
DE PSYCHÉ

COMÉDIE EN UN ACTE EN VERS

Représentée pour la première fois sur la scène de la
Comédie-Française, le lundi 21 mai 1894.

PARIS

CHARPENTIER et E. FASQUELLE, Éditeurs
11, RUE DE GRENELLE

1894
Tous droits réservés

LE
BANDEAU DE PSYCHÉ

LOUIS MARSOLLEAU

LE BANDEAU
DE PSYCHÉ

COMÉDIE EN UN ACTE EN VERS

Représentée pour la première fois sur la scène de la *Comédie-Française*, le lundi 21 mai 1894.

PARIS
G. CHARPENTIER ET E. FASQUELLE, Éditeurs
11, Rue de Grenelle
—
1894
Tous droits réservés.

Au poète Auguste Vacquerie

L. M.

PERSONNAGES :

Psyché. . . . . Mlle MULLER.
La mère de Psyché. . . . . Mme AMEL.
L'Amour . . . . M. DEHELLY.

LE BANDEAU DE PSYCHÉ

La scène représente la chambre de Psyché. A droite, une porte. Au fond, une grande baie ouverte sur une nuit de clair de lune. Un lit de repos. A gauche, une grande tapisserie. Au moment où le rideau se lève, Psyché est endormie, étendue sur le lit. L'Amour debout est penché vers elle. — Une lampe grecque.

SCÈNE PREMIÈRE

L'AMOUR
(Il s'incline vers Psyché et l'embrasse.)
Dodo, Psyché. Je pars. Et je reviens !...
(L'Amour disparaît.)

SCÈNE DEUXIÈME

PSYCHÉ
(Elle se réveille peu à peu.)
    Pareille
Aux chatouilles d'un brin d'herbe dans mon oreille,
Une caresse me frôlait, et tout à coup
Elle s'éloigne, et laisse un regret à mon cou.
Mais quoi ! que dis-je ? sur mon cou ? Billevesée !
Suis-je folle ? Un baiser !... Ce rêve m'a brisée...
Un rêve ? Mais vraiment mon cou brûle ! Pourtant
J'étais seule. — A côté, maman dort. — On l'entend !
Mes verroux sont tirés, ma serrure est fidèle...
Je sens encor comme un frisson de pointe d'aile
Palpitant sur ma nuque, et si délicieux,
Si long que je n'aurais jamais ouvert les yeux !
    (Soupirant.)
Songe ! mensonge !
(Elle se lève, va vers un miroir, la lampe à la main,
le tremblement de sa main fait vaciller la lampe.)
   Eh ! mais...
    (Avec impatience.)
      Que cette lampe bouge !

Là, sur mon cou, tout près de l'oreille, c'est rouge !
Oh ! c'est rouge vraiment ! comme c'est rouge ! Et puis
Mes yeux ! oui ! j'ai mes yeux creusés comme des puits !
Qu'ai-je encor fait, en rêve ? Oh ! ce rêve ! J'ai honte.
Tout cela, ce n'est pas des choses qu'on raconte.
Maman me dit toujours : « Dormir, c'est reposer. »
          (*Attentive à son miroir.*)
Mais c'est qu'on jurerait la trace d'un baiser !
          (*Songeuse.*)
Peut-être on reposait quand on dormait, naguère.
Aujourd'hui, quand je dors, je ne repose guère.

   LA VOIX DE LA MÈRE DE PSYCHÉ, *cognant au mur.*
Psyché.

PSYCHÉ
Ma mère ?...

LA MÈRE
Il faut dormir !

PSYCHÉ
                       Je dors !

LA MÈRE
                         Tu dors ?

PSYCHÉ
Oui, ma mère !
          (*Un silence.*)
          Éblouissant de pourpres et d'ors,
Chaque nuit, quand mes cils, au souffle de Morphée,
Sont bien clos sous ma chevelure décoiffée,
Un jeune homme, plus beau que les dieux, vient à moi,
Et chaque nuit, mystère, ivresse, extase, émoi !
Dans l'obscur caveau noir de mon sommeil éclate
Un éblouissement de bonheur écarlate.
          (*Tristement.*)
Ce n'est qu'un rêve, hélas !

LA VOIX DE LA MÈRE
                  Tu ne dors pas, Psyché !

PSYCHÉ, *avec impatience.*
Mais si, ma mère !
          J'ai le cœur effarouché
D'une angoisse non sans douceur qui me pénètre.

J'attends je ne sais quoi dont j'ai peur.
     (Elle va à la fenêtre.)
           La fenêtre
Est haute.
    (Elle va à la porte.)
   Et ce verrou.
    (Elle remonte vers son lit.)
        Je me recouche. Mais
Que Zeus me fouette, si jamais je m'endormais !
    (Songeuse.)
Car enfin, pourquoi cette rougeur que je touche
Semble-t-elle à mon cou l'empreinte d'une bouche ?
    (Elle va pour se recoucher.)

SCÈNE TROISIÈME

PSYCHÉ, SA MÈRE

(La mère de Psyché, une lampe à la main, entre par la porte à droite.)

      LA MÈRE

Ma fille ! eh bien ! quel bruit !

      PSYCHÉ
        J'allais me mettre au lit.

      LA MÈRE

Ah ! ton teint sera frais ce matin. C'est joli !

      PSYCHÉ

Ma mère !...

      LA MÈRE
    C'est avec ta beauté que tu joues !
Tiens ! vois tes yeux cernés jusqu'au milieu des joues !
Tes lèvres dont les coins sont déjà chiffonnés,
Et ces deux plis, à droite, à gauche de ton nez !
Ah ! Zeus !

      PSYCHÉ
   Mais...

      LA MÈRE
    Justement, pour demain je t'annonce...

PSYCHÉ

Quoi donc ?

LA MÈRE

Une visite! et qui vaut plus d'une once.
Oui, Xeniclès t'a vue. Il t'aime, tu lui plais!
Xeniclès, le marchand d'or, Xeniclès-Palais!
Il te veut pour épouse...

PSYCHÉ

Oh! maman ! ce gros homme

LA MÈRE

La sotte! Et puis après? Gros ventre, grosse somme!
Il viendra ce matin te demander, à toi,
S'il te convient d'aller habiter sous son toit,
Et t'offrir l'anneau des fiançailles.

PSYCHÉ

Ma mère,
Il est laid!

LA MÈRE

Il m'a fait un relevé sommaire
De ses biens. Il a, tant en terres qu'en argent,
De quoi rendre le cœur d'une mère indulgent :
Il possède dix-neuf fermes en Etolie,
Des vignes à Samos, des bois en Thessalie.

PSYCHÉ

Oh! ma mère, il est chauve!

LA MÈRE

Il a presque un quartier
De Sicyone et le faubourg neuf tout entier;
Des maisons dans Corinthe, Athènes, Mitylène.
Il a deux cents troupeaux de moutons dont la laine
Bat sur tous les marchés la laine de Milet,
Et des vaches qui sont superbes, s'il te plaît,
Et des chevaux dont les allongements épiques
Ont gagné le dernier Grand-Prix aux Olympiques.

PSYCHÉ

Oh! ma mère, il est sot!

LA MÈRE

Il a plus de neuf-cent

Trente-mille-sept-cent-vingt-trois dragmes luisant
Placés sur des comptoirs solides.

PSYCHÉ

Il est sale !

Ma mère !

LA MÈRE

Tout poisson qu'on dessèche ou qu'on sale,
Dans les ports de la Crète où sont ses entrepôts,
Lui rapporte son poids de billon. Et les peaux
Que l'on tanne pour lui dans la Thrace et l'Epire,
Lui fourniraient de quoi s'acheter un empire ;
Il a...

PSYCHÉ

Tout ce qu'il a, ma mère ! Il me déplaît !

LA MÈRE

Oui, parce qu'il est sot, gros, chauve, sale et laid !
Belles raisons !

PSYCHÉ, *suppliante.*

Maman, oh non !

LA MÈRE

Enfin, ma fille,
Moi, je te parle en bonne mère de famille !
Maintenant, tu feras à ton gré, n'est-ce pas ?
Allons, dors ! Entends-tu ? Le coq chante là-bas.
Le matin va bientôt descendre sur la grève.
Repose un peu.

(*Elle sort.*)

SCÈNE QUATRIÈME

PSYCHÉ, seule. Puis L'AMOUR.

PSYCHÉ, *avec élan.*

Mon rêve ! oh ! mon rêve ?

L'AMOUR
(Il apparaît subitement, non par la porte, mais dans une surnaturelle et brusque déchirure de la cloison.)
Ton rêve !

PSYCHÉ, *épouvantée.*
Ah !

L'AMOUR
(Il éteint la lampe. Nuit sur la scène.)
Silence !

PSYCHÉ
Mais, mais...

L'AMOUR
Tais-toi !

PSYCHÉ
J'ai peur !

L'AMOUR
Pourtant Tu m'attendais !

PSYCHÉ
Je t'attendais ? moi ? non ! va-t'en ! Va-t'en !

L'AMOUR
Psyché !...

PSYCHÉ
J'ai peur !

L'AMOUR
Peur de moi ?

PSYCHÉ
Peur de l'ombre ! Qui donc es-tu ? Je tremble !...

L'AMOUR
Écoute !

PSYCHÉ
Il fait trop sombre !

Qui donc es-tu ?

L'AMOUR

      Ton pauvre cœur bat sous ma main
Comme un petit oiseau captif.

PSYCHÉ

        Plus tard, demain,
Tu reviendras ! Il fait si noir.

L'AMOUR

        Ma voix, méchante,
N'est donc pas dans ton âme un souvenir qui chante ?

PSYCHÉ

Si.

L'AMOUR

 N'as-tu pas senti, dans ton rêve endormi,
Toute ta chair heureuse et peureuse à demi,
S'émouvoir longuement comme en cet instant même ?
Dis ! car si ton esprit m'écarte, ton corps m'aime.
Ne reconnais-tu pas l'accent de mes aveux,
Et le même frisson des talons aux cheveux ?

PSYCHÉ

Tais-toi ! va-t'en !

L'AMOUR

     Mon bras, sous ta taille se glisse.
Souviens-toi.

PSYCHÉ

 Mais qui donc es-tu ?

L'AMOUR

        Ta gorge lisse
N'a jamais tressailli sous ce vol de baisers
Qui passent, toujours effleurants, jamais posés ?

PSYCHÉ

Oh ! mon rêve !

L'AMOUR

     Sens-tu, sous ma lèvre vibrante,
S'ouvrir ta bouche ainsi qu'une rose mourante ?

PSYCHÉ
Ah! je t'adore!

(*Un rayon de lune vient baigner la scène, éclairant à demi le couple.*)

L'AMOUR
Hélas! j'aurais désiré tant
Rester pour toi le Rêve indécis et flottant!
Le Rêve enveloppé de doute et de mystère,
Plus doux que le plus doux des bonheurs de la terre.
Ah! que n'as-tu dormi, dormi toujours, Psyché!
Ton Rêve était la Joie exquise, sans péché,
Sans remords; mais voici levé le premier voile,
Et tu rougis dans ton ivresse, ô mon étoile!

PSYCHÉ
Non, je suis bien heureuse, et je voudrais te voir.

L'AMOUR, *sombre.*
Me voir!

PSYCHÉ, *très suppliante.*
Oh! dis!

L'AMOUR, *avec violence.*
Besoin de voir et de savoir!
Besoin d'analyser jusqu'au dégoût les choses,
De vider les pantins, de disséquer les roses!
Besoin d'approfondir quand on pourrait jouir;
Besoin grognant! c'est toi qui, sans cesse à fouir,
Déterrant du groin, les vérités tuantes,
Déflores l'univers pour tous ceux que tu hantes!

(*Tendrement.*)

Toi, du moins, ma Psyché, laisse-moi te garder,
Laisse-moi te sauver du mal de regarder!
Donne tes yeux. Mets ce bandeau sur les prunelles,
Et tu goûteras les extases éternelles,
Car je suis le bonheur! Car tes rêves du jour,
Tes songes de la nuit, c'est moi! Je suis l'Amour!

PSYCHÉ, *elle se laisse nouer le bandeau.*
Je fais ce que tu veux, puisque tu me l'ordonnes,
Amour! J'accepte ce bandeau que tu me donnes.

L'AMOUR
Va, l'Idéal, c'est d'être aveugle dans mes bras !
PSYCHÉ
Je ne te verrai pas !

L'AMOUR
Tu m'imagineras !
(Il rallume la lampe. Clarté sur la scène.)

    Celui dont le front de lumière
    Hantait ton enfance première,
    D'une vision coutumière,
        C'est moi !
    Celui que tes quinze ans moroses,
    Malgré la langueur des chloroses,
    Sentaient venir fleuri de roses,
        C'est moi !

    Celui que ta rouge jeunesse,
    Innocente et vierge faunesse,
    Appelait, désirant qu'il naisse,
        C'est moi !
    Celui vers qui ton cœur s'emporte,
    A qui ta chambre ouvre sa porte,
    Qu'il soit brun, blond ou roux, n'importe !
        C'est moi !

    Celui que cherchent tes yeux vagues,
    A terre, aux cieux ou sur les vagues,
    Quand tes doigts tourmentent tes bagues,
        C'est moi !
    Quand la fièvre en toi tambourine,
    Celui pour qui bat ta narine,
    Pour qui se gonfle ta poitrine,
        C'est moi !

PSYCHÉ
Oui, tu dis vrai ! Ta voix m'alanguit toute, et filtre
Goutte à goutte, au fond de mon être, comme un philtre.
Je suis à toi, voici des jours, des jours, des jours ;
N'est-ce pas que nous nous aimons depuis toujours ?
Va, je contemple en moi ton image lointaine,
Tes yeux altiers, ton front fier, ta lèvre hautaine,

Et je sais ton sourire auroral, et je sais
L'essor victorieux de tes pas cadencés.
O douceur du baiser poignant l'âme ravie!
Sentir près de soi de la Vie! et de la Vie
Qui vous aime! Oh! restons longtemps comme cela.

(*Un silence. L'Amour à genoux près de la couche de Psyché. Psyché caresse rêveusement la chevelure de l'Amour.*)

Ainsi, c'est toi! le Dieu des Dieux! toi que j'ai là.

> Vois-tu, quand j'étais petite, petite,
> Je couchais sous un plafond coloré
> Où l'on avait peint ta mère Aphrodite
> Et toi-même avec ton bel arc doré.
>
> Et c'est de toi seul, et de ton image
> Qu'étaient pleins mes yeux, en s'ensommeillant,
> Quand ma mère, au soir, faisait son ramage
> Et me balançait dans mon berceau blanc.
>
> Les cheveux au vent, ceints de feuilles vertes
> Tu m'éblouissais d'un rire vainqueur,
> Tes ailes d'azur largement ouvertes,
> Et la flèche d'or pointant vers mon cœur.
>
> Sitôt endormie, ah! je le devine,
> C'est toi, descendu de ton ciel vermeil,
> Qui penchais sur moi ta face divine
> Et me câlinais pendant mon sommeil.
>
> Mes lèvres d'enfant se sentaient baisées
> D'un baiser d'en haut fleuri d'au-delà.
> Et quand bleuissait l'aurore aux croisées,
> Mon premier regard te retrouvait là.
>
> Ah! du premier jour, de la première heure,
> C'est toi mon seigneur, mon dieu, mon amant,
> Et vois-tu, je ris, je chante et je pleure
> Sans savoir pourquoi ni sentir comment!

L'AMOUR

Parle-moi, ma Psyché! Je crois que tes paroles
Ont un parfum! Il monte, — ainsi que des corolles
D'églantine, — de tes sourires palpitants,
Une odeur de fraîcheur vivante et de printemps.

Je suis heureux! Car moi, l'Amour, qui fais qu'on s'aime,
Moi qui passe, éveillant les aveux, et qui sème
Pour le bonheur de tous les êtres sous les cieux
La moisson chère des baisers délicieux;
Moi par qui s'attendrit l'âme des vierges dures,
Par qui volent, dans les brises, sous les verdures,
Au clair soleil, en la saison des renouveaux,
Des essaims de désirs qui grisent les cerveaux,
Moi seul, n'avais jamais humé la moindre goutte
A la coupe que j'offre au monde et dont il goûte,
Et de tout l'univers devant moi désarmé,
Moi, l'Amour! j'étais seul à n'avoir pas aimé!

PSYCHÉ, *coquette.*

Et depuis?

L'AMOUR

Ah! depuis! je renais, je suis ivre!
Immortel, je ne vivais pas! je me sens vivre!

PSYCHÉ

Tu m'aimes?

L'AMOUR

Ah! trois fois femme! qui m'écoutant
Trembler la voix au rythme de mon cœur battant,
Sembles douter de ma tendresse, pour qu'encore
Je le répète : « je t'adore! » — Je t'adore!

PSYCHÉ

C'est si bon!

L'AMOUR

Vrai?

PSYCHÉ

Bien vrai! Mais dis, comment te vint
La fantaisie, ô mon Olympien divin,
De t'incliner vers une fille de la terre?
Est-ce un mystère?

L'AMOUR

Non! ce n'est pas un mystère.
Un beau jour du printemps dernier, lassé des dieux,
Fatigué de Phébus et de Zeus radieux

Dont la foudre finit par rompre les oreilles,
Le caprice me prit de vaguer sous les treilles,
Dans les sillons, le long des sentiers de jasmins
Et d'errer comme un homme au milieu des humains.
Et je priai ma mère Aphrodite, aux mains frêles,
D'atteler à son char nacré ses tourterelles,
— Car ma mère est toujours en route un peu partout —
Et de me déposer sur terre, n'importe où.
Aphrodite, riant de ses yeux pleins de flammes
Dit : « Tu veux que je te conduise voir des femmes,
Mauvais garçon ! »

PSYCHÉ
Mauvais garçon, c'était vrai ?

L'AMOUR

Non !

Je voulais fuir la face hargneuse de Junon !
Pallas et son hibou lugubre !
— Oh ! la jalouse ! —
Il est, au bord de l'Ilyssos, une pelouse
Riche de boutons d'or et de senteurs de thym.
C'est là que me laissa ma mère. Le matin
S'éveillait, chatoyant sur la rosée en perles ;
Dans les buissons, s'égosillaient les jeunes merles,
Et le fleuve frisait son onde au vent léger
Tout parfumé d'odeurs profondes d'oranger.
Et tout à coup, voici que derrière un vieux saule
Jaillit un rire clair. Une blancheur d'épaule
M'apparut entre les feuillages. J'approchai,
Et je te vis au bain toute nue, ô Psyché.
Ah ! tes bras blancs que rosissait la vague fraîche !
Tes seins raidis par le fouet du courant rêche !
Tes blonds cheveux léchant tes hanches comme un flot.
D'un élan grelottant tu te baissais dans l'eau,
Et tes petites dents claquaient. Et l'onde éprise,
Brusque, t'enveloppait d'un frisson de surprise ;
Et soudain, je reçus un choc cruel et doux,
Un nuage tomba sur mes yeux ; mes genoux
Tremblèrent ! et je sus pourquoi l'Univers m'aime !
Car un de mes traits d'or m'avait blessé moi-même.

(A ce moment, un craquement de serrure se fait à la porte de la mère de Psyché. Psyché se dresse brusquement, un doigt aux lèvres, impose silence à l'Amour, et du bras lui indique une tapisserie à gauche, derrière laquelle l'Amour se cache.)

PSYCHÉ

Chut!
    Cache-toi. Là!

(*Psyché se rejette dans son lit et feint un profond sommeil.*)

SCÈNE CINQUIÈME

LA MÈRE, *elle entre une lumière au poing, va au lit de Psyché, s'étonne, et brusquement :*
Hum!

PSYCHÉ, *elle feint de s'éveiller. Très effrayée.*
Hein! quoi? qu'y-a-t-il?

LA MÈRE
    Mais
Tu parlais à l'instant!...

PSYCHÉ
    Je parlais? je dormais!
Tu m'as fait peur!

LA MÈRE
Tu parlais haut! je te l'assure.

PSYCHÉ, *avec doute.*
Oh! je parlais! c'est vrai?

LA MÈRE
Tu peux en être sûre!

PSYCHÉ
Quoi! je rêvais! Enfin, était-ce une raison
De m'éveiller ainsi? J'ai cru que la maison

Croulait. J'en tremble encor. Et je serai malade !
Voilà !

LA MÈRE

Voyons, Psyché !

PSYCHÉ

Toujours la bousculade
Sans crier gare ! On n'est pas brusque à ce point-là !

LA MÈRE, *elle aperçoit le bandeau de Psyché et s'étonne tout à coup.*

Un bandeau ! Quelle idée ! Oh !

PSYCHÉ, *nerveuse.*

Justement ! j'ai la
Migraine ! et j'ai serré ce voile sur mes tempes
Pour défendre mes yeux de la clarté des lampes !

LA MÈRE

Bon ! Il ne manquait plus que la migraine ! Eh bien !
Xeniclès...

PSYCHÉ

Ah ! sur celui-là ! non ! rien ! plus rien !
Ma mère !

LA MÈRE

Mais...

PSYCHÉ

Si c'est pour lui que tu m'éveilles...

LA MÈRE

Ecoute-moi !...

PSYCHÉ

Je vais me boucher les oreilles !

LA MÈRE

Tu n'as pas de bon sens !

PSYCHÉ, *se bouchant les oreilles.*

Non !

LA MÈRE

Ma fille !

PSYCHÉ, *elle arrache son bandeau.*

Non ! non !

Et puis, je ne veux plus même entendre son nom !
Oh ! son ventre roulant ! sa face stupéfaite !
Son rire gras ! ses pieds ! Est-ce que je suis faite
Pour égayer les nuits d'un éléphant massif ?
Il est avare ! il est stupide ! il est poussif !
Mourir ! oui, tout ! plutôt que cette vie affreuse !
Ma mère ! j'ai seize ans ! je voudrais être heureuse !

LA MÈRE

Bon ! ne dirait-on pas, — voyez le beau danger !
Qu'on va te dépecer, te cuire et te manger !
Xéniclès...

PSYCHÉ

    Moi ! j'irais avec les ménagères,
Marchander au marché les herbes potagères !
M'enquérir si l'oignon donne, si les poireaux
Prospèrent ! et si les navets s'annoncent gros !
Et si les choux, avec leurs frisures bravaches,
Sont, ce jour-là, bons pour les gens ou pour les vaches !
Moi ! je m'exposerais aux brutales façons
Des maraîchers et des vendeuses de poissons !
Jamais !

LA MÈRE

    Psyché ! vraiment !...

PSYCHÉ

    La noce faite à peine,
Je serais verrouillée à double et triple pêne !
(Tu n'as jamais sondé l'âme d'un commerçant,
Maman !) Sur ma jeunesse en proie au tant pour cent,
Je verrais se murer le cachot méphitique
De votre monotone existence pratique !
Plus de musique ! plus de livres ! A quoi bon ?
Je serais bonne assez pour saler le jambon !
L'élégance ? un danger. Et l'esprit ? une tare.
Et si mes doigts se promenaient sur la cithare,
Mon époux s'écrierait, bouche bée et l'œil rond :
« C'est une artiste ! » en tapotant du doigt son front !
Et je vérifierais les comptes des servantes,
Le long du jour, après les achats et les ventes !
Et je cuirais des confitures, n'est-ce pas ?

LA MÈRE

Mais ma fille!

PSYCHÉ

Et jusqu'à l'heure de mon trépas,
Les yeux baissés, modeste et tenant mon haleine,
Au coin de mon foyer, je filerais la laine!

LA MÈRE

Mais, Psyché! c'est la vie honnête!

PSYCHÉ

                      Grand merci!
Elle est charmante!

LA MÈRE

Et c'est toi qui parles ainsi!

PSYCHÉ

Le matin, quand le drap de la couche se gonfle
D'un gros corps de mari qui souffle, grogne et ronfle,
M'éveiller! regarder ce dormeur rouge et laid
Et me lever, pieds nus, pour lui chauffer du lait!
Courir à la cuisine, et secouer l'esclave,
Faire apporter le bain où mon maître se lave,
L'eau pour la barbe, et le savon, et les rasoirs,
Diriger les balais, mener les arrosoirs!
O joie! et nettoyer la maison tout entière
Des dalles de la cave aux plombs de la gouttière!

LA MÈRE

Ma fille!...

PSYCHÉ

Et cependant qu'en toute liberté,
Pour ses affaires, ses plaisirs ou sa santé,
Mon époux s'en irait déambuler, tranquille,
Toute seule, telle une Ariane en quelqu'île,
Moi, ravaudant le linge, et gardant le logis,
Je moisirais comme une souche!

LA MÈRE

                Oh! je rougis

A l'ouïr divaguer de la sorte ! Et, sans doute,
La tarentule t'a piquée !...

PSYCHÉ
On le redoute !
Ma mère ! tu ne peux me comprendre, d'ailleurs !
Quoi ! lorsque le soir vert s'emplit des cris railleurs
Des oiseaux, revolant à leurs nids vers les arbres,
Sous le soleil couchant qui dore les vieux marbres,
A l'heure où le déclin des clartés dans les cieux
Ouvre une source, en nous, d'émois délicieux
Qui resserrent la gorge et font le cœur fragile,
Je mettrais l'huile, moi ! dans les lampes d'argile !
Et Xeniclès, fumeux de deux verres vidés,
Rentrerait, exultant d'un heureux coup de dés,
Loquace ! et m'assiégeant d'un souffle détestable !
Et nous nous assoierions en tête à tête, à table !
Hélas ! et de sa bouche épaisse, incessamment,
Coulerait le récit fétide et déprimant
De ses démarches, de ses gains, de ses usures,
Ses démêlés pour les loyers de ses masures,
Le poids de l'or, le prix du bois, le cours du blé,
Et la hausse sur les agneaux de pré-salé !

LA MÈRE
Ces propos seraient d'un citoyen économe
Et sage !

PSYCHÉ
Et j'aurais, moi ! des enfants, de cet homme !

LA MÈRE
Je ne sais qui t'a mis la cervelle à l'envers.
On ne s'épouse pas pour se chanter des vers !

PSYCHÉ
Des enfants nés à sa ressemblance, poupées
Aux traits bouffis, aux teints sales, aux chairs fripées !
Il me faudrait, jusqu'à ce qu'ils puissent marcher,
Toucher, coucher, moucher, doucher, sécher, torcher
Les petits monstres de ce monstre, et recueillie,
Religieusement les gavant de bouillie,
M'alourdissant ainsi qu'un fruit qui devient mûr,
Rester clouée au sol comme une image au mur !

LA MÈRE
Ma fille, tu ferais ce que fait toute mère.
C'est le devoir, et c'est la vie !

PSYCHÉ
Elle est amère !
Ne rien sentir ! ne rien entendre ! ne rien voir !
C'est ce que vous nommez la Vie ! et le Devoir !
Eh bien, non ! J'ai dans l'âme une révolte rose
Contre la tyrannie obscure de la prose !
Toute une floraison de rêves argentins
Eclot en moi. Les soirs pourprés, les bleus matins
Exaltent en mon être un cœur avide et tendre.
Et je veux voir ! je veux sentir ! je veux entendre !
Celui qui m'aimera, je veux l'aimer aussi !
Me donner tout entière en lui criant : merci !
Oui ! toute ! mais il faut que le désir m'en naisse.
Je suis jeune ! il me faut un baiser de jeunesse !
La lèvre rouge, le sang vif, les claires dents !
Mes yeux ne brûleront que pour des yeux ardents !

(*avec exaltation.*)

Il le sait bien, celui qui m'écoute ici même ;
L'amour ! mon bel amant que j'adore et qui m'aime !
Le doux héros, l'archer vainqueur, le dieu joli
Dont le parfum demeure aux rideaux de ce lit !
L'Amour ! l'Amour !

LA MÈRE
Mais elle est folle ! que dit-elle ?

PSYCHÉ, *très exaltée.*
Amour ! Amour ! je suis l'élue et l'Immortelle !

LA MÈRE
Elle est folle ! Bonsoir ! N'agite pas tes bras !
Dis ce qu'il te plaira. Fais ce que tu voudras !
J'ai peur des fous !

(*Grognant et s'en allant.*)
Vit-on jamais choses pareilles !
Ce flot d'absurdités bouillonne en mes oreilles.

(*Elle rentre dans sa chambre.*)

SCÈNE VI

PSYCHÉ seule, puis L'AMOUR.

PSYCHÉ

Enfin!

(*Elle court à la tapisserie derrière laquelle s'est caché l'Amour, la soulève, et ne voit rien.*)

Personne! Où donc est-il? Tu t'es caché?

L'AMOUR, *invisible encore.*

J'attends que le bandeau soit aux yeux de Psyché.

PSYCHÉ

Quoi! ce bandeau! Toujours?

L'AMOUR, *invisible.*

Toujours!

PSYCHÉ, *elle remet le bandeau.*

Je suis soumise,
Méchant!

L'AMOUR, *apparaissant.*

Méchant? Non! — Bon.

PSYCHÉ

Hélas! elle est permise
Aux dernières des amantes, — je vais pleurer!
L'ivresse entière de ne rien, rien ignorer
De leur joie et de s'en embaumer toute l'âme.
Moi, je me brûle au feu sans admirer la flamme.

L'AMOUR

Eh quoi! Te comparer aux autres femmes, toi?
Les autres, que le ciel écrase comme un toit,
Traînent, sans horizon, leur vie humaine, en proie
A la fatalité terrestre qui les broie.
Leur cœur, toujours déçu, se ferme à peine ouvert
Et leurs bonheurs sont courts comme des jours d'hiver.
La chanson du matin, le soir s'est déjà tue
Et chaque heure qui sonne est une heure qui tue.

Toi, Psyché, c'est un Dieu qui te sauve. Et je veux
Ecarter le vol des chagrins de tes cheveux,
En t'offrant le moyen, qu'ignorent tous les hommes,
D'éterniser l'instant adorable où nous sommes.
Ce bandeau sur tes yeux, c'est l'amour dans ton cœur
Toujours vivant, toujours joyeux, toujours vainqueur!
Heureuse aveugle que mes précautions gardent,
Entends pleurer les malheureuses qui regardent!

PSYCHÉ
Mais mes yeux sont jaloux. Quand ma bouche frémit
Sous ton baiser, et que mon sang bout à demi
Et que ma main se crispe en tes doigts; et que rose,
Mon oreille écoute une antienne peu morose,
Et que ma gorge se soulève, et que mon cou
Frissonne, et que mon nez palpite tout à coup,
Et que une volupté qui rayonne et qui vibre
M'envahit toute et m'épanouit fibre à fibre,
Mes yeux seuls, à l'écart sous ce bandeau soyeux
Se désolent. Ils sont jaloux, mes pauvres yeux !

L'AMOUR
Psyché, Psyché! le goût de la douleur te tente!
O curieuse, éternellement mécontente!
Femme!

PSYCHÉ
Je ne suis pas heureuse tout à fait !

L'AMOUR
Tu ne le seras plus du tout, quand j'aurai fait
A ton caprice.

PSYCHÉ
Oh dis ! laisse que je retire
Ce bandeau. La joie incomplète est un martyre.

L'AMOUR
Ecoute-moi, je t'en conjure. Voudrais-tu
Que ton rêve, d'un coup banal soit abattu?
Que notre idylle, à tant d'idylles ressemblante,
S'achève et meure en déception désolante ?

PSYCHÉ
Quelle déception craindrais-je ? N'es-tu pas
L'Amour? Le Dieu dont tous les Dieux suivent les pas ?

Plus haut que le soleil, plus fort que la rafale !
L'enfant qui prosternas Hercule aux pieds d'Omphale
Et tiens le monde entre tes dix doigts écartés ?
N'es-tu pas la Beauté de toutes les Beautés ?
Ne suis-je pas ta chose à tout jamais conquise ?
Oh ! délecter mes yeux de ta splendeur exquise !
Savourer du regard ta couronne de fleurs
Et le carquois où dort, — rires futurs et pleurs
De demain, — le faisceau de tes flèches perçantes,
Et contempler tes deux ailes éblouissantes
Qui te portent de l'Occident à l'Orient,
O cher tyran impitoyable et souriant !

L'AMOUR

Je t'en supplie encor : non !

PSYCHÉ

     Et je t'en supplie
Encore : oui !

L'AMOUR

  Tu le veux ?

PSYCHÉ

      Je ne suis pas jolie
Du tout, du tout, sous ce bandeau disgracieux.
Mes yeux ne te voient pas : tu ne vois pas mes yeux.

L'AMOUR

Alors ! décidément tu t'obstines ?

   PSYCHÉ, *joignant les mains.*
      J'insiste !

L'AMOUR

Tu te rappelleras cette minute triste !
Eh bien ! soit !
(*Pendant qu'il a parlé, il a dépouillé tous ses attributs
 divins. Si bien qu'au moment où Psyché le voit, il
 n'est plus qu'un homme.*)

PSYCHÉ

  Oh ! merci !
      (*Elle détache son bandeau.*)
  Mes mains tremblent d'émoi.

Ah ! toi ! c'est toi! c'est !... c'est... c'est vous?

L'AMOUR

Ce n'est que moi !

PSYCHÉ, *troublée et déçue.*

Toi ! Vous ! L'Amour ?

L'AMOUR

L'Amour!

PSYCHÉ

Qui tout à l'heure ?...

L'AMOUR

Certes!

Qu'avais-je dit ? Voici que tu te déconcertes !

PSYCHÉ

Cieux !

L'AMOUR

Tu caches ton front dans tes doigts hésitants !
Tu voudrais ne plus voir ?

PSYCHÉ

Hélas !

L'AMOUR

Il n'est plus temps !

PSYCHÉ

Mais où sont le carquois ? les flèches ? la couronne ?
Et le rayonnement d'astre dont s'environne
La majesté du Dieu vers qui mon cœur vola ?
Et les ailes qui m'effleurèrent ?...

L'AMOUR

Tout cela
N'étincelait qu'en ta bienheureuse ignorance.
Ton ignorance a fui. Tu nais à la souffrance.
Tu voulais voir ? tu vois. Ton regard s'est heurté
Au désenchantement de la réalité.
Les trésors inconnus sont les seuls qu'on renomme.
L'Amour n'est que ceci tout simplement : un homme.

Je souhaitais, moi qui t'aimais,
T'apporter l'éternel délice ;
Demeurer le Rêve, à jamais
Mystérieux, qui frôle et glisse.

Le Rêve qui, dans ton sommeil,
Sans que ta pudeur fut blessée,
Promenait un baiser vermeil
Sur ta jeune chair caressée.

Le Rêve, dont la volupté
Te laissait lasse et satisfaite,
Mais claire comme un ciel d'été,
Et joyeuse comme une fête.

Mais le hasard aux jeux pervers
Permit que ce soir l'insomnie
Ait tenu tes yeux grands ouverts :
La belle amour était finie.

De cette heure où tu savouras
Trop réellement tes ivresses,
Où tu défaillis en mes bras,
Sous de trop certaines caresses,

La paix de ton bonheur d'avant
Se troubla comme l'eau d'un vase,
Et de vagues hontes souvent
T'ont fait regretter ton extase.

Pourtant, nos corps, nos cœurs d'accord,
Narguant le jour cru qui diffame,
Tu pouvais être heureuse encor,
Mais tu fus curieuse, ô femme.

Tu refusas la douce nuit,
L'ombre bienveillante et divine,
Où disparait ce qui nous nuit
Où ce qui nous sert se devine

Emportée aux cieux, tu voulus
Scruter les cieux et leur mystère.
Voici que ton bonheur n'est plus
Et que tu retombes sur terre.

Tes rêves sont éteints. Le charme est mort, Psyché !
Il ne te reste que le remords d'un péché,
Et tu me hais !

PSYCHÉ

Je suis sous un coup de tonnerre !
Grâce !

L'AMOUR

Il faut pour aimer rester visionnaire !
Et c'est fini pour toi, l'éclat des visions.
Demain, tu souriras de tes illusions.
C'est peut-être tant mieux, Psyché !

PSYCHÉ

Tant mieux?

L'AMOUR

Sans doute !
Tu vas rentrer dans la commune grande route.
Délestée à jamais de ce goût anormal
Du Mieux qui, dédaignant le Bien, conduit au Mal.
Et ton époux t'endormira — béatitude —
Dans une affection tranquille d'habitude,
Tiédeur paisible où s'apaisera ta rancœur.
Adieu ! C'en est fini des fous élans du cœur
Et des soifs d'idéal et des faims de chimère !
Et l'Amour n'a plus rien à faire ici !

(*L'Amour, après un dernier baiser de la main, disparaît. Psyché, restée seule, tombe assise sur un siège, et songe quelque temps, le front dans ses mains. Par la grande baie, le petit jour commence. Le ciel s'est éclairci. Le matin se lève. Psyché, soudain, dans l'élan d'une décision prise, se redresse, va vers la porte de la chambre de sa mère et frappe.*)

PSYCHÉ

Ma mère!

(On entend du bruit dans la pièce à côté. Psyché, une dernière fois, regarde le ciel qui s'éclaircit peu à peu.)

SCÈNE VIII

PSYCHÉ, SA MÈRE

LA MÈRE

Qu'est-ce? Quoi?

PSYCHÉ

J'ai rêvé. Voici l'aube qui luit.
Xéniclès veut ma main, dis-tu? Donne-la-lui!

(Rideau.)

CHOIX DE PIÈCES

Ajalbert (Jean) La Fille Elisa, pièce en 3 actes. 2 fr. »
Alexis (Paul). Celle qu'on n'épouse pas, comédie en un acte, en prose. 1 fr. »
— La Fin de Lucie Pellegrin, comédie en un acte. 1 fr. »
Alexis (P.) et Méténier (O.). Monsieur Betsy, comédie en 4 actes, en prose. 2 fr. 50
— Les Frères Zemganno, comédie en 3 actes, en prose, tirée du roman d'Edmond de Goncourt. 2 fr. 50
Banville (Théodore de). Riquet à la Houppe, com. féerique 2 fr. 50
— Le Baiser, comédie en un acte, dessin de G. Rochegrosse 1 fr. 50
— Esope, comédie en 3 actes, av. un dessin de G. Rochegrosse 2 fr. »
Bergerat. Le Capitaine Fracasse, comédie héroïque en 4 actes et un prologue en vers. 2 fr. 50
Busnach (W.) et Arnould (Arthur). Zoé Chien-Chien, drame en 8 tableaux. 2 fr. 50
Busnach (W.) et Gastineau. L'Assommoir, drame en 5 actes et 9 tableaux, tiré du roman et avec une préface d'Emile Zola et un dessin de G. Clairin 2 fr. 50
Courteline (Georges). Boubouroche, pièce en 2 actes, en prose 1 fr. »
A. Daudet et P. Elzéar. Le Nabab, pièce en 7 tableaux 2 fr. 50
A. Daudet et A. Belot. Sapho, pièce en 5 actes. 4 fr. »
Flaubert (Gustave). Le Candidat, comédie en 4 actes. 2 fr. »
Goncourt (Edmond de). A bas le Progrès, bouffonnerie satirique en un acte 1 fr. »
Goncourt (Edmond et Jules de). Henriette Maréchal, drame en trois actes, en prose. 2 fr. 50
— La Patrie en danger, drame en 3 actes. 2 fr. 50
— Germinie Lacerteux, pièce en 10 tableaux. 2 fr. 50
Haraucourt (Edm.) Shylock, pièce en 5 actes, en vers. 2 fr. 50
— La Passion, mystère en 2 chants et 6 parties, en vers. 2 fr. 50
— Hero et Léandre, poème dramatique en 3 actes. 1 fr. 50
Hauptmann (G.). Les Tisserands, drame en 5 actes, en prose 4 fr. »
Mendès (Catulle). La Femme de Tabarin, tragi-parade en un acte. 1 fr. 50
— Le Docteur Blanc, mimodrame fantastique, musique de Gabriel Pierné, dessins de L. Métivet 5 fr. »
Mendès (Cat.) et Courteline (Georges). Les Joyeuses Commères de Paris, fantaisie en 5 actes. 2 fr. »
Méténier (Oscar) et Lorrain (Jean). Très Russe, pièce en 3 actes. 2 fr. »
Noël (Edouard) Deidamie, opéra en 2 actes, musique de H. Maréchal. 1 fr. »
Perrin (Jules) et Couturier (Claude). Les Fenêtres, pièce en 3 scènes, en prose. 1 fr. »
Richepin (Jean). Nana-Sahib, drame en vers, en 7 tableaux.
— Edition in-8°. 4 fr. »
— Edition in-12. 2 fr. »
— Le Flibustier, comédie en vers en 3 actes. Edition in-8° 4 fr. »
— Edition in-12 2 fr. »
— Monsieur Scapin, comédie en vers, en 3 actes. Ed. in-8° 4 fr. »
— Edition in-12 2 fr. »
— Par le Glaive. Edition in-8° : 4 fr. »; édition in-12. 2 fr. »
— Le Flibustier, drame en 5 actes et 6 tableaux. Edition in-8° 4 fr. »
— Edition in-12 2 fr. »
Scholl (Aurélien) L'Amant de sa Femme, comédie en 1 acte 1 fr. »
Theuriet (André) Raymonde, pièce en 3 actes 2 fr. 50
Vaucaire (Maurice). Valet de Cœur, comédie en 3 actes, en prose. 2 fr. »
— Le Poète et le Financier, comédie en 1 acte, en vers. 1 fr. »
Zola (Emile) Thérèse Raquin, drame en 4 actes. 2 fr. »
— Les Héritiers Rabourdin, comédie en 3 actes, av. préface. 2 fr. »
— Renée, pièce en 5 actes, avec préface. 2 fr. 50
Zola (E.) et Gallet (Louis) Le Rêve, drame lyrique en 4 actes et 8 tableaux. 2 fr. »
— L'Attaque du Moulin, drame lyrique en 4 actes. 1 fr. »

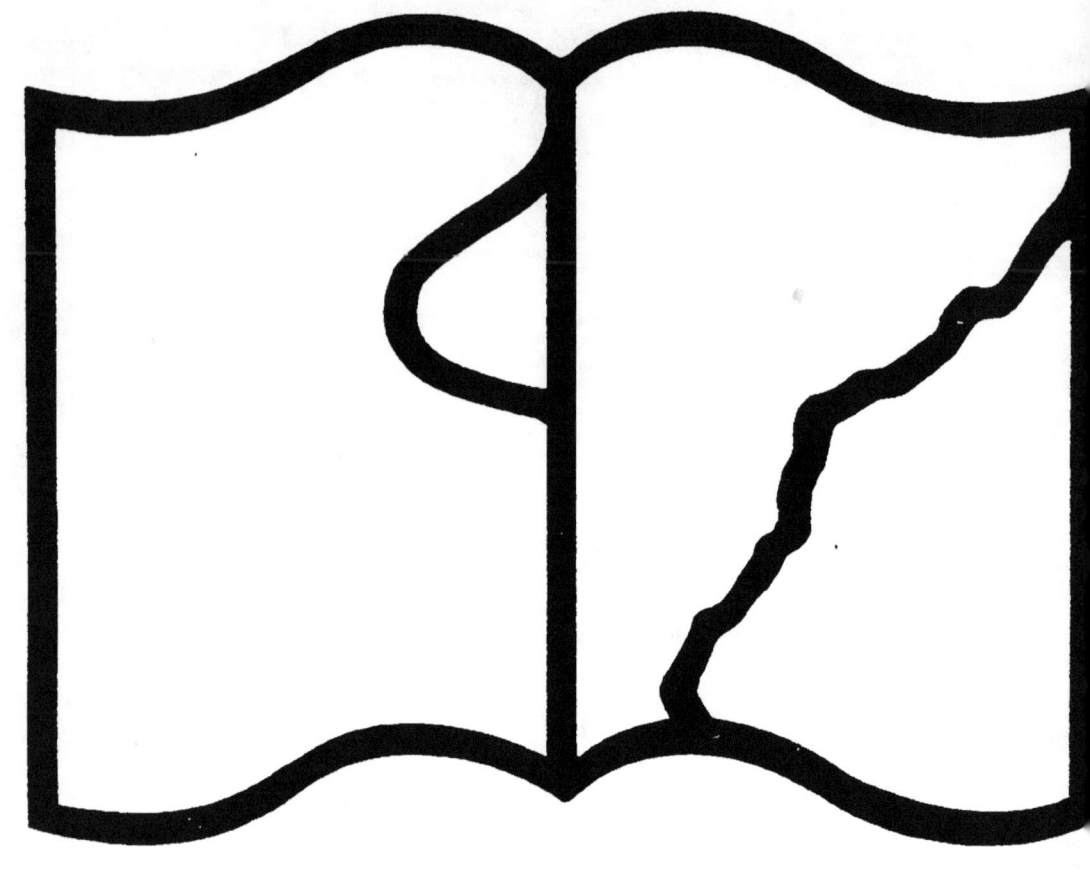

Texte détérioré — reliure défectueuse

NF Z 43-120-11

www.ingramcontent.com/pod-product-compliance
Lightning Source LLC
Chambersburg PA
CBHW060718050426
42451CB00010B/1515